PADRE RICO, PADRE POBRE

La riqueza al alcance de todos

Resumen y análisis
de la obra de Robert Kiyosaki

Por Myriam M'Barki
Traducido por Marina Martín Serra

VOLVERSE RICO ES ALGO QUE NO SE ENSEÑA EN EL COLEGIO

El libro *Padre Rico, Padre Pobre* es un verdadero fenómeno mundial que trastoca por completo los códigos de la economía y aporta un pensamiento revolucionario con el objetivo de salir de la trampa financiera que nos tiene atrapados a lo largo de nuestra vida, y a la que el autor llama «carrera de la rata». La obra, un superventas con éxito tanto entre los críticos como entre el público, ha alcanzado los 15 millones de ejemplares vendidos, y se estudia en las escuelas de negocios, además de ser objeto de múltiples análisis técnicos desde su aparición en las librerías. El gran interés de este libro reposa en el éxito espectacular de su autor que, en el espacio de diez años, ha sabido construir un imperio financiero lo suficientemente rentable como para que pueda dar fruto por sí mismo a través de varias generaciones.

Para Robert Kiyosaki, el acceso a la riqueza descansa en algunos principios fundamentales, a menudo desatendidos, que están al alcance de todos y son fácilmente accesibles para quien quiera emanciparse económicamente. Efectivamente, los padres procedentes de la clase media o pobre tienen tendencia a inculcarle a sus hijos valores relacionados con el éxito escolar, pero no se les da ningún tipo de educación para los ámbitos que conciernen a la gestión financiera, ni en el entorno familiar ni en el escolar. Por lo tanto, el saber de los ricos en cuanto a los rudimentos de la inversión nunca se comparte, lo que causa que la brecha entre las clases sociales sea cada vez mayor.

Los jóvenes se pasan años estudiando materias obsoletas que no les servirán para enfrentarse al mundo de hoy. La gente trabaja duro, sin descanso, para encontrarse finalmente con bienes que al final de su vida no valen gran cosa. El niño de nuestra época necesita una enseñanza más sutil, más refinada y se le debe formar para tomar riesgos. La idea es alejarse del condicionamiento admitido normalmente por la sociedad y aprender a poner el dinero a su servicio, en vez de trabajar al servicio del dinero.

A través del libro, vemos la voluntad del autor de compartir sus claves de éxito dando consejos sensatos y explicando, a través de varias teorías, que la determinación, la creatividad, la audacia y el nivel de inteligencia financiera pueden llevar a la riqueza y a la limitación de los riesgos vinculados con la inversión.

DATOS PRINCIPALES

- **¿Edición de referencia?** Kiyosaki, Robert T. 2004. *Padre Rico, Padre Pobre*. Con la colaboración de Sharon L. Lechter. México D. F.: Aguilar.
- **¿Primera edición?** 1997 (autoedición).
- **¿Autores?**
  - Robert T. Kiyosaki, hombre de negocios, inversor, conferenciante y autor, nacido en 1947 en Hawái (Estados Unidos).
  - Sharon L. Lechter, mujer de negocios, inversora, conferenciante y autora, nacida en 1954.
- **¿Ámbito?** Desarrollo personal, gestión de las

finanzas personales.

- **¿Palabras clave?**
  - <u>La trampa o carrera de la rata:</u> concepto imaginado por Kiyosaki, que determina el condicionamiento social en el que nos encontramos desde jóvenes. La sociedad nos impone unas maneras de vivir y de pensar calcadas las unas de las otras, que no favorecen para nada la propia individualidad. Esta «carrera de la rata» impide de algún modo pensar en el dinero de forma distinta, y no valora la noción de la inversión.
  - <u>*Cashflow:*</u> término que designa el flujo de dinero en efectivo generado por las actividades de una empresa. En este libro, este término remite al margen bruto de autofinanciación que una persona posee y que está disponible para la inversión.

CONTEXTO

Su infancia

Robert Kiyosaki, el principal autor y protagonista del libro, nace en Hilo, en el estado de Hawái (Estados Unidos) en 1947. Sus padres son de origen americano-japonés y él pasa su infancia en un barrio tranquilo y pacífico. Desde pequeño, está en contacto con sus compañeros de clase que pertenecen a una clase social muy superior a la suya, por lo que le obsesiona la idea de volverse rico. Efectivamente, en ese momento, su vecindario está formado esencialmente por personalidades importantes (médicos, abogados, banqueros, etc.) o familias ricas gracias a la caña de azúcar. Él y su mejor amigo Mike, el hijo de su futuro padre espiritual, forman parte de estos alumnos que se quedan un poco marginados durante las fiestas organizadas por los adinerados padres de sus camaradas. Esto, sin embargo, no les impedirá avanzar hacia un futuro excepcional: Mike retomará los asuntos comerciales fructíferos de su padre, y Robert se convertirá en multimillonario.

Sus primeros pasos en la empresa

Después de realizar estudios secundarios clásicos en una escuela pública, Kiyosaki integra la Academia de la Marina Mercante de Estados Unidos, y se convierte en piloto de helicóptero de combate. A continuación, combate durante la guerra de Vietnam en 1972 y recibe una medalla de honor por sus servicios leales. Tres años después, decide dejar el ejército y obtiene un trabajo como vendedor en Xerox Corporation (empresa que desarrolla y vende fotocopiadoras e impresoras, creada en 1938 en Connecticut), en el que destaca, situándose a menudo entre los 3 mejores empleados.

A continuación, le llega el momento de lanzar sus propias empresas, en especial en el sector de la venta y la distribución de productos textiles (camisetas y carteras). A pesar de contar con una gran motivación, no logra hacerse un hueco y se ve obligado a marcharse de Hawái, junto con su mujer, para buscar nuevas oportunidades en el continente. Incluso cuenta cómo en esta dura época pasan un año entero durmiendo en su coche, ya que no disponen de medios suficientes. Sin embargo, Kiyosaki no se aleja de sus actividades de hombre de negocios y se concentra en la inversión inmobiliaria. Su intuición le da la razón puesto que, en ese momento, descubriendo perlas raras, adquiere una fortuna considerable.

Sin embargo, no tiene pensado detenerse en ese punto y continúa invirtiendo en diferentes sectores: explotación minera (oro, plata, cobre, petróleo), seguros, energía solar, construcción, mercado financiero, etc. Incluso en 1997 crea una empresa llamada Cashflow Technologies, que edita sus libros y comercializa sus marcas «Rich Dad» y «Cashflow». Además del aspecto económico, tiene el objetivo de promover la educación financiera proponiéndole al público una serie de herramientas didácticas simples: juegos educativos, libros, programas de televisión, páginas web, etc. Gracias al poder que le da su éxito comercial, crea varios clubes del juego *Cashflow* por todo el mundo.

Dicho esto, sus inversiones financieras no siempre son grandes éxitos pero, tal como destaca el autor varias veces en su libro, lo importante es saber recuperarse en el momento adecuado, siendo capaz de aprender de los errores.

Sus dos padres

Sin lugar a dudas, el elemento que marca su vida es conocer al padre de Mike, el «padre rico», un encuentro que determinará el curso de su existencia y que lo conducirá a desarrollar un pensamiento ultracapitalista. Tras la petición de Kiyosaki, este último le enseñará las materias financieras de forma detallada.

A través de este libro, Kiyosaki cuenta también la historia de sus dos padres: su padre biológico, el padre pobre; y su padre espiritual, el padre rico. El primero, aunque está sobrecualificado y es alto funcionario en el Ministerio de Educación, se encuentra sin dinero al final de su vida e incluso lega algunas deudas. En cambio, el segundo, que dejó el colegio a los 12 años para trabajar, se hizo rico y se convirtió en uno de los hombres más adinerados de Hawái, partiendo de la nada. Mientras que uno prioriza la educación clásica a todo precio, el otro privilegia el aprendizaje de los rudimentos técnicos del mundo de los negocios.

Su primera lección sobre el dinero

El interés por los negocios de Robert Kiyosaki, precoz, comienza cuando, con tan solo 9 años, le pide al padre de Mike que le enseñe a ganar dinero. Acompañado por su amigo, empieza entonces a efectuar tareas de mantenimiento y almacenamiento en la empresa del padre rico a cambio de una paga ridículamente baja. Pocas semanas después, muy descontento con su sueldo, Robert ya piensa en pedir un aumento o en dimitir si se lo niegan, siguiendo los consejos de su padre pobre. Entonces, llega el momento de aprender la primera lección de la mano de su padre rico: algunas personas trabajan únicamente por el dinero, y dejan su trabajo porque no se les paga suficientemente bien, mientras que otras ven en ello la oportunidad de profundizar sus conocimientos. Este planteamiento será llevado hasta el paroxismo poco después, puesto que el hombre los hará trabajar para él sin remuneración, para que los dos chicos puedan encontrar por sí mismos sus propias fuentes de ingresos. Es el inicio de una aventura común entre un niño y su padre espiritual, que durará 30 años.

Durante toda su juventud, Kiyosaki irá aprendiendo a controlar el poder del dinero y a convertirse en un as de la gestión financiera, hasta tal punto que será capaz, con tan solo 16 años, de llevar la contabilidad de una empresa, gracias a los años que pasa escuchando hablar de los expertos financieros de todo tipo que su padre rico empleaba para sus distintos negocios (asesores fiscales, abogados, banqueros, corredores de seguros, etc.). El autor cuenta que estos consejos se iban volviendo más significativos a medida que desarrollaba su profesionalismo en Xerox. A través de este empleo como vendedor, ganaba mucho dinero, pero se dio cuenta bastante rápidamente de que todavía le hacía ganar más a su jefe. Tras esta primera verdadera toma de conciencia, crea su propia empresa: una empresa de gestión de carteras de clientes en el sector inmobiliario. En menos de tres años, genera más ingresos con su pequeña empresa que en ocho años de carrera con su antiguo jefe. Al utilizar las lecciones de su padre rico, se convierte en una persona independiente económicamente, hasta el punto que llega a disponer de una suma de dinero suficiente como para jubilarse a una edad relativamente joven (47 años).

CONTEXTO Y ÁMBITO

Contexto económico

El libro está escrito en un contexto económico particular: el paso al segundo milenio es inminente, los modos de vida se ven alterados por la aparición de la cibereconomía (economía nacida del desarrollo de las empresas de Internet) y las economías de mercado integran, desde hace una década, un sistema mundializado y liberalizado en el que las fronteras económicas desaparecen y son cada vez más anecdóticas.

Con esta época de transición, en el inconsciente colectivo aparece una voluntad de enriquecerse y de crear capital a todo precio. Estas nociones del dinero, que cada vez son más omnipresentes en la vida social de los países desarrollados, llevan al desarrollo de un modo de vida consumista que implica un ideal capitalizado que le da una importancia decreciente al bienestar de la persona. Sin embargo, a lo largo de los años y, más concretamente, al final del siglo XX, la noción de bienestar psicológico reaparece y se convierte en una preocupación mayor en el seno de la población.

La escritura de este libro se inscribe en esta ideología, en la que la materia económica domina la sociedad y destaca entre los otros ámbitos de competencias, prestándole una atención particular al aspecto humano y a la confianza personal. A partir de ahí, cobra sentido la literatura sobre el desarrollo personal, que da consejos y claves de éxito para soltarse, despertar la conciencia interior o incluso superar los miedos.

La literatura de desarrollo personal

El entusiasmo por la literatura de desarrollo personal es un fenómeno bastante nuevo, que alcanza su apogeo a partir del año 2000. Sin embargo, este tipo de publicación apareció a partir de finales de los años 70 en Estados Unidos, cuando las pérdidas de reparos debidas a los cambios rápidos de la sociedad se hacen notar entre la población de los países desarrollados. Hacía falta que las personas retomaran la autoconfianza, que pudieran volverse a centrar en ellas mismas y encontrar un sentido a sus vidas —después de haberse liberado de los vínculos primarios de solidaridad durante los Treinta Gloriosos (periodo fasto con un fuerte crecimiento económico de 1945 a 1973).

Aunque el origen de este género se puede remontar a la filosofía antigua, su auge se produce en un contexto social e histórico concreto: el de los Estados Unidos de posguerra, con la propagación de las teorías psicoanalíticas y la llegada de las ciencias psicológicas. Con la aparición del New Age (corriente espiritual cuya voluntad consiste en transformar al individuo mediante el despertar espiritual), el público empieza a centrar su atención en el funcionamiento de la psique humana y en la voluntad de proyectarse en un futuro positivo, bajo el fondo de la dominación política y económica, poniendo el acento en las nociones de crecimiento y de eficacia personal. Las obras sobre el desarrollo personal no se leen por gusto, sino porque despiertan unas expectativas en los lectores que buscan un medio de descubrir sus recursos personales inexplorados. El desarrollo personal pretende ser una respuesta a la crisis del mundo moderno en lo que se refiere a la pérdida de identidad.

PADRE RICO, PADRE POBRE

RESUMEN

En este libro, el autor nos habla de la importancia de desarrollar las competencias en materia de contabilidad y de inversión para poder emanciparse económicamente y evitar el ciclo infernal del endeudamiento. Para ilustrar sus afirmaciones, divide su libro en seis capítulos, cada uno de los cuales representa una lección específica sobre el dinero sacada de sus propias experiencias, vividas gracias a sus dos padres.

Aprender a dominar las propias emociones

Para su padre rico, la vida reserva tantas sorpresas que hay que saber aprovechar las oportunidades que se presentan. El objetivo consiste en hacer del dinero una herramienta a su servicio. Muchos esperan un aumento de sueldo para salir del estancamiento financiero, pero esta espera es inútil en la medida en la que el problema viene de una reacción emotiva (el miedo) y de una falta de juicio racional (la codicia). El miedo de quedarse sin dinero nos incita a trabajar más de lo necesario y la codicia, representada por la nómina, nos incita a pensar que podremos comprar muchas maravillas con el dinero. A menudo, el miedo es lo que controla nuestras acciones y nuestra voluntad. Este miedo es lo que bloquea el impulso profesional y que sostiene la idea de que la mejor manera de salir adelante es encontrar un empleo estable y bien pagado. No obstante, la espiral metro-trabajo-cama en la que se encuentra el asalariado es una solución a corto plazo —que permite comer a final de mes— por un problema a largo plazo que pone la cuestión de la dependencia y de la obligación social frente al trabajo.

Incluso si somos ricos, si no aprendemos a dominar nuestras emociones y a controlar el poder del dinero, los desengaños son los mismos y no seremos más que esclavos muy bien remunerados.

¿Por qué enseñar el abecé del ámbito de las finanzas?

Podemos ganar millones de un día para el otro y perderlo todo con la misma rapidez, como a veces ocurre con los jóvenes atletas retirados o con los ganadores de la lotería. Lo que cuenta no es la suma de dinero que ganamos, sino la cantidad que logramos conservar.

La regla fundamental se basa en conocer la diferencia entre un activo y un pasivo. El simple hecho de no entender este matiz es una de las principales causas de los disgustos financieros. «Los ricos adquieren activos. Los pobres y la clase media adquiere [sic] pasivos, pero ellos creen que son activos» (Kiyosaki 2004, 77), explica su padre rico.

Así, los activos son posesiones que proporcionan dinero (inversiones, acciones, propiedades, etc.) mientras que los elementos pasivos (coche, casa, objetos, etc.) son gastos que perderán su valor y que necesitan un mantenimiento costoso. Para el autor, ser propietario de una casa proviene del pasivo, puesto que esta inversión nos pide dinero de forma perpetua, incluso con una desgravación de impuestos, sin contar que en un futuro puede que la casa no haya aumentado su valor. Así pues, esta inversión no hace más que rellenar la columna de los gastos y aumenta las oportunidades perdidas de no haber invertido en una cartera de inversiones que habría podido hacer fructificar el capital. De este modo, el autor recomienda no comprar una bonita casa que servirá de domicilio hasta el momento en el que se reciba una entrada de dinero suficiente procedente de los activos propios, lo que permitirá que no se compre la casa con un crédito demasiado grande. Kiyosaki ilustra esta situación mediante la situación financiera de sus dos padres.

Situación financiera de su padre rico

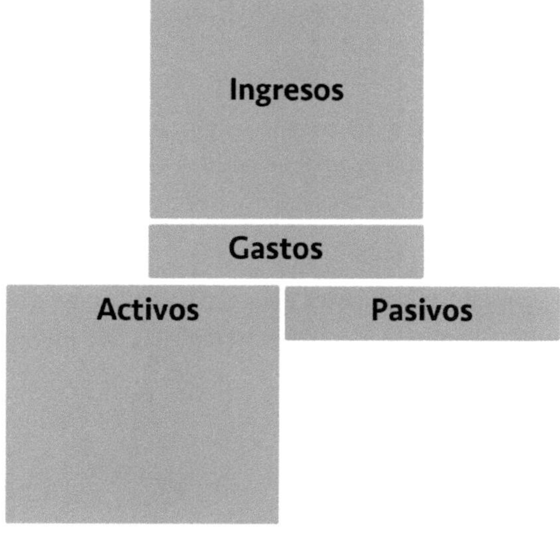

Su padre rico tiene más ingresos que gastos, mientras que los pasivos son mínimos gracias a una vida dedicada a la inversión.

Situación financiera de su padre pobre

Su padre biológico tiene un nivel igual de gastos y de ingresos, lo que no le permite invertir en activos. Los pasivos (tarjeta de crédito, hipoteca, deudas, etc.) son más numerosos que sus activos.

La consecuencia que tiene esta divergencia en la gestión es que los pobres aumentan sus cargas, mientras que los ricos se vuelven más ricos.

Consecuencia

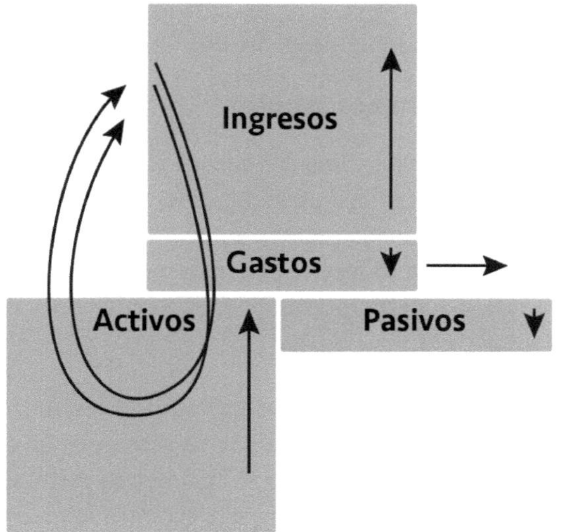

Este esquema muestra a la perfección por qué los ricos duplican su capital a lo largo de la vida: la casilla del activo genera los ingresos suficientes para cubrir los gastos y los pasivos, que disminuyen a medida que esos ingresos aumentan porque el retorno de la inversión se incrementa. Así pues, el coste de los gastos personales se vuelve insignificante, ya que se tiene dinero suficiente para hacerles frente sin endeudarse, incluso si se malgasta el dinero, no se utiliza adecuadamente o se realizan malas inversiones (lo que representa la flecha hacia la derecha de la casilla «Gastos»).

Los fondos disponibles que quedan se vuelven a invertir

de forma constante en la casilla del activo, que por consiguiente continúa aumentando. La independencia financiera se consigue cuando el ingreso de los activos se vuelve más importante que el salario procedente de un trabajo físico.

Ocuparse de sus propios asuntos

Además de los gastos relacionados con los pasivos, muchas personas experimentan disgustos financieros porque trabajan durante toda la vida para otra persona. Alguien que trabaja por su cuenta proyecta, de algún modo, un futuro sereno, ya que sus ingresos estarán asegurados por la columna de sus activos.

La idea consiste en conservar su empleo principal en un primer momento, en comprar verdaderos activos en un segundo momento y en velar por que su columna de activos se mantenga estable. Asimismo, el autor recomienda invertir en categorías que nos gusten particularmente y que pueden ser las siguientes:

- empresas que no requieren la presencia de su propietario y de las que se pueden ocupar otros (de lo contrario, esto se convertiría en un empleo para el inversor);
- acciones y fondos comunes de inversión (fondos gestionados por una empresa de gestión de carteras de clientes que están bajo un régimen de copropiedad);
- bienes inmobiliarios destinados al alquiler;
- y cualquier otra categoría que genere ingresos, adquiera valor y pueda tener salida fácilmente.

Kiyosaki insiste en el hecho de que es necesario invertir en asuntos que realmente nos interesen. De este modo, será más fácil sacar los riesgos y las especificidades relacionados con nuestro activo y no caer en una lasitud que conduciría a una mala gestión. Considera, sin embargo, un error fatal el hecho de empezar su propia empresa, a menos de tener la voluntad expresa de hacerlo y de estar bien preparado para ello, puesto que la gran mayoría están abocadas al fracaso tras sus cinco primeros años de funcionamiento.

A medida que aumenta nuestro margen bruto de autofinanciación (*cash-flow*), tenemos la posibilidad de pagarnos un capricho caro, puesto que en un primer momento habremos edificado y consolidado la columna del activo.

El historial de los impuestos y el poder de las empresas

La historia de Robin Hood, que roba a los ricos para dar a los pobres, sigue seduciendo al público hoy en día. Sin embargo, para el autor, este concepto es la peor asfixia que pueden sufrir los pobres y la clase media ya que, en realidad, no da cabida a la verdadera justicia social e incluso consolida la idea de que es normal que la clase media pague más impuestos: de este modo, la clase media es la que paga por los pobres, y no la clase superior como da a entender el ideal del famoso bandido.

¿SABÍAS QUE...?

Cuando se crearon los Estados, estos no cobraban impuestos fijos, sino que recaudaban impuestos temporales que servían para cubrir costes extraordinarios como los de las guerras. Poco a poco, se fue instaurando un impuesto permanente sobre la renta en Inglaterra (1874) y en Estados Unidos (1913), aunque no fue fácil que la población lo aceptara. Para convencer a los pobres y a la clase media de que votaran la ley que permitía la instauración del impuesto obligatorio, los Gobiernos no dudaron en presentar este impuesto como algo concebido exclusivamente para captar una parte de la fortuna de los ricos. El problema es que el apetito de dinero del Gobierno fue tan voraz que pronto se recaudaron impuestos en la clase media y, a partir de ahí, terminaron afectando a los más pobres.

Cuanto más crece el aparato del Gobierno, más frecuente se vuelve el tener que recurrir a los impuestos para financiarlo. La población rica, que a menudo ejerce profesiones liberales, dispone de más recursos legales para eludir los impuestos. La optimización fiscal es una perfecta demostración de ello: el objetivo del juego es hacer que sus ingresos sean invisibles a ojos del fisco por medio de la creación de empresas personales, de inversiones en el sector inmobiliario, de acciones en la bolsa, de la adquisición de distintos productos de inversión (como el seguro de vida, el seguro patrimonial) o incluso a través de fundaciones varias que surgen de la nada. Así, para cualquiera que conozca bien los ámbitos de competencias ligados a los engranajes de los mercados financieros y a la legislación fiscal, es fácil tomar consciencia del potencial de riqueza que poseen.

Los ricos generan dinero

> «Existe un viejo cliché en inglés que señala que la palabra JOB (trabajo) es el acrónimo de Just over broke ("casi quebrado")» (Kiyosaki 2004, 157).

Según Kiyosaki, las personas que se quedan encerradas en modos de pensar y de actuar anticuados limitan sus posibilidades de elección al aferrarse a viejos ideales. Por el contrario, las que logran adaptarse a los paradigmas modernos consiguen aprovechar la oportunidad y saben cómo forzar la suerte para que su gallina ponga los huevos de oro.

En esta lección, el autor nos enseña que hay dos tipos de inversores: los pasivos, que compran paquetes ya preparados, y los activos, que se crean las mejores oportunidades. Ciertamente, la segunda categoría se expone a riesgos mucho más importantes y requiere una cierta habilidad para poder identificar la mejor ocasión, pero tendrá la ventaja de beneficiarse de un retorno de la inversión mucho más elevado.

Para ilustrar esta teoría, el autor se detiene en trucos bastante simples para obtener un beneficio neto en un plazo de tiempo corto: por ejemplo, comprar una casa embargada por la justicia —que tendrá un margen de beneficio obtenido por la reventa importante— es una muy buena ocasión para conseguir una buena suma con poco riesgo y un capital de partida asequible.

Trabaja para aprender, y no para enriquecerte

«Vale más saber algo acerca de todo que saberlo todo acerca de una cosa», decía Blaise Pascal (matemático, físico, filósofo y escritor francés, 1623-1662).

Esta sexta lección nos enseña precisamente que es preferible elegir un empleo en el que tengamos muchas posibilidades de aprender y de profundizar en nuestros conocimientos antes que buscar la seguridad del empleo, el buen sueldo o las ventajas correspondientes, incluso (y sobre todo) si deseamos volvernos ricos.

Las personas maduras tienden a contentarse con lo que ya han adquirido y no se preocupan por obtener nuevas competencias ya que estiman, a menudo equivocadamente, que no disponen de dinero ni de tiempo para gastar en vano. Sin embargo, algunos cursos complementarios de técnicas de venta, de comunicación o de *marketing* podrían darle impulso a su empresa o a su proyecto profesional. En general, la gente no fracasa a causa de lo que sabe, sino a causa de lo que no sabe. Por ello, tomarse el tiempo de diversificar su capital de competencias no tiene precio y la persona recogerá, a largo plazo, los frutos de su inversión personal. Vale más trabajar para profundizar y diversificar sus conocimientos que trabajar solamente para conseguir dinero.

Salir de la carrera de la rata

La afirmación más importante del autor y que resume el libro es su incitación a salir de la «carrera de la rata» utilizando de la mejor forma posible su mente y su tiempo para crear su propia riqueza. La carrera de la rata es un concepto imaginado por Kiyosaki, que ilustra el condicionamiento de la sociedad que se nos impone desde que somos niños y que consiste en perpetuar un modo de vida convencional. Este está basado en el éxito escolar, la seguridad del empleo, una carrera estable, el ahorro clásico y el endeudamiento. En efecto, a menudo trabajar duro y más de lo necesario es la única forma que la gente conoce para generar ingresos, ahorrados y luego utilizados para obtener un crédito que servirá para comprar productos o bienes personales.

Escapar de la pasividad crónica y pasar a la acción

Demasiado a menudo, las personas esperan que llegue una ocasión soñada para cambiar por completo el curso de su existencia, o que una suerte increíble haga que salgan del estancamiento financiero en el que se encuentran. Según el autor, en la vida hay que tomar riesgos y no limitarlos por precaución. Así, para conseguir la libertad financiera hay que llevar a cabo algunas acciones como:

- reflexionar de forma exhaustiva sobre su situación económica personal evaluando los puntos fuertes y los puntos débiles;
- ser creativo y buscar continuamente nuevas ideas de

inversión o medios de generar dinero;

- aprender las nociones básicas de las finanzas y los conceptos clave de la economía a través de cursos y formaciones;
- hacer un trabajo personal para dominar las emociones vinculadas con el miedo a perderlo todo y a no poder pagar las facturas;
- atreverse a arriesgar y a no quedarse con lo que se ha adquirido;
- rodearse de inversores, de emprendedores y encontrar un mentor (una persona que ya ha hecho lo que queremos hacer) para aprender de su experiencia. Así, aconseja que nunca se emprenda un proyecto a solas;
- salir de las normas admitidas comúnmente actuando según sus propios mandatos y confiando en su sabiduría interior. Así, la norma social a menudo nos empuja a consumir más de lo que es necesario (entre otras cosas, para aparentar ante los demás), a endeudarnos de forma continua recurriendo a tarjetas de crédito y a préstamos, y nos conduce a adoptar un modo de vida conforme a la mayoría (estudiar, trabajar, ahorrar, endeudarse, comprar). Esta norma no deja mucho margen para salirse del camino marcado y para hacerse preguntas existenciales que producirían pensamientos extraídos de sus propias convicciones.

REPERCUSIONES

CRÍTICAS A SU PERSPECTIVA

En su conjunto, el libro es bastante pertinente y contiene muchas informaciones útiles que conducen a la superación de uno mismo, a emprender proyectos personales y a pasar a la acción. El autor, más que un experto financiero o fiscal, es un muy buen *coach* que posee un verdadero don para motivar y animar. Al final de la lectura del libro, tenemos ganas realmente de seguir sus consejos para, simplemente, vivir de manera cómoda. No obstante, hay que señalar algunas críticas, planteando la pregunta de la legitimidad del autor, del irrealismo de sus observaciones, incluso de la calidad de aficionado de estas.

El periodista Rob Walker declaró en un artículo publicado en la revista *Slate* que las alegaciones de Kiyosaki a menudo eran demasiado vagas y aproximadas como para tomarlas en serio y que, por consiguiente, sus observaciones tenían más elementos de las fábulas que de los análisis económicos serios. Asimismo, declara que el libro es una condensación de contrasentidos que promueven la idea de que Kiyosaki posee la clave de nuestro futuro financiero al ofrecernos sus juiciosos consejos, y que está lleno de expresiones fáciles. Finalmente, lamenta las conclusiones del autor sobre los estadounidenses, que habrían abandonado lo que constituyó las bases de su sociedad, y que no pasarían suficiente tiempo intentando conseguir éxito y riqueza, un análisis que el periodista considera fuera de lugar, teniendo en cuenta el patriotismo y el culto al heroísmo siempre muy presente en

Estados Unidos.

Uno de los editores del *New York Times*, Damon Darlin, deplora el carácter excesivamente pecuniario del autor: destaca que este último quiere sacar un máximo de beneficios de todo lo que dice (conferencias de *coaching*), piensa (el juego *Cashflow*) o escribe (se han publicado 25 libros de los que 15 son derivados de *Padre Rico, Padre Pobre*, coescritos con Sharon L. Lechter y sus asesores financieros), algo que resta credibilidad a las observaciones presentadas y a las lecciones que se ofrecen en el libro. Otros críticos afirman incluso que se habría vuelto rico principalmente gracias a la venta de sus libros, y no gracias a sus negocios profesionales. Para Damon Darlin, la única lección que se enseña en la obra es que, si uno quiere volverse rico, lo mejor es escribir un libro que desvele el pensamiento de los millonarios —aunque encuentre que los consejos ofrecidos son contraproducentes porque alimentan el hecho de que volverse rico no sería más que una cuestión de mentalidad y de condicionamiento a pensar como un rico. Continúa su análisis destacando el alejamiento de los libros de inversión, centrados en las estrategias de los mercados financieros en detrimento de una escritura fácil que expone las bases de la inversión. Según él, es incluso más juicioso leer crónicas financieras en periódicos estándar que gastar 25 dólares en la compra del libro si queremos saber más sobre los principios de la economía.

Finalmente, John T. Reed, el famoso hombre de negocios estadounidense, conocido sobre todo por sus múltiples críticas incendiarias respecto a inversores que dan consejos económicos según él ficticios, ha criticado con vehemencia el libro de Kiyosaki, denunciando la estafa y la ilegitimidad de sus observaciones. Entre otras cosas, lamenta:

- la recopilación de antiguos clichés sobre el dinero (ejemplo: los ricos conocen todos los mecanismos de la economía, los pobres gastan mucho siempre que tienen un poco de dinero entre sus manos, etc.);
- la falsedad y la falta de exactitud de sus observaciones sobre las deducciones fiscales y sobre los impuestos;
- la promoción elogiosa de la inversión arriesgada, que es extremadamente peligrosa para un principiante;
- la improbabilidad de sus ganancias (demasiado importantes) tras dar con un buen negocio inmobiliario;
- y, al parecer, las mentiras recurrentes sobre su vida personal a las que es imposible seguirles el rastro. Así, su mentor («padre rico») sería totalmente ficticio; sus ingresos declarados serían exagerados y servirían para la intención del libro; la quiebra de una de sus empresas en 1985 no habría ocurrido e incluso habría mentido sobre funciones ejercidas durante su paso por la Marina Mercante de Estados Unidos.

EXTENSIONES Y PERSPECTIVAS SIMILARES

En Estados Unidos, existen muchos *coachs* o «gurús» de la economía que dan consejos sobre la gestión del capital propio, y que cuentan el éxito profesional fulgurante que les ha conducido, a algunos, a una situación financiera extremadamente cómoda. Entre ellos, cabe destacar al emprendedor y escritor estadounidense Timothy Ferriss (nacido en 1977) que posee una perspectiva similar a la de Kiyosaki: a través de sus tres libros publicados, aboga por la autocreación de empresas y el trabajo por cuenta propia. Efectivamente, favorece el cambio radical del modo de vida, la reducción del tiempo de trabajo y la concentración en las tareas más rentables para lograr un buen equilibrio vital.

El canadiense T. Harv Eker (autor, *coach* y hombre de negocios nacido en 1954) aborda un proceso similar y es muy conocido por haber ofrecido numerosos seminarios de *coaching*. En su emblemático libro *Los secretos de la mente millonaria*, pone de relieve el estado de ánimo y las actitudes mentales que favorecen la riqueza. Esta teoría da forma a la idea de que todos poseemos un guion interno que dicta nuestra relación con el dinero, y que cambiando esta percepción personal seríamos capaces de acumular riqueza. Finalmente, el libro le enseña al lector cómo cambiar desde el interior su forma de pensar para proporcionar a sus finanzas personales la pieza que falta, que reactivará su recrudecimiento. Al igual que Robert T. Kiyosaki, Eker apoya la idea de que los pobres creen en preceptos económicos desfasados y que se concentran principalmente en los obstáculos de la vida, mientras que los ricos analizan todas las posibilidades financieras que se les presentan para pensar más en términos de prosperidad.

Donald Trump (nacido en 1946), el megalómano, hombre de negocios y multimillonario estadounidense, ha escrito también algunos libros sobre su éxito profesional extraordinario y la ciencia del enriquecimiento. En sus libros *Incrementa tu IQ financiero. Sé más hábil con tu dinero* y *Queremos que seas rico*, coescrito con Robert Kiyosaki, subraya la necesidad de adquirir una buena educación financiera fuera de la trayectoria escolar clásica. Asimismo, está preocupado por el empobrecimiento de los Estados Unidos y por la mentalidad retrógrada de los ciudadanos, que consiste en esperar que su país cuide de ellos proporcionándoles un empleo, un estatus social y un seguro médico.

En Francia, existe otra perspectiva que procede del superventas *Usted también merece ser rico* (2006) de Olivier Seban, en el que el autor enseña técnicas para gestionar mejor su dinero y para evitar el ciclo empobrecedor de los créditos en el consumo.

Finalmente, hay que citar igualmente el libro de Élise Franck, *Comment je suis devenue rentière en quatre ans sans héritage ni aide particulière* («Cómo me convertí en rentista en cuatro años sin herencia y sin ayuda»), y el de Philippe Proudhon, *Stratégies pour devenir rentier en dix ans* («Estrategias para convertirse en rentista en diez años»), que nos enseñan a invertir en buenos negocios inmobiliarios con un capital de salida bastante modesto.

EN RESUMEN

- El enriquecimiento y el éxito no están reservados para los ricos, al igual que el empobrecimiento no es el premio fatal de los pobres. Tomar riesgos, ser audaz y aventurero son actitudes beneficiosas para todo el que quiera invertir.
- Es indispensable entender la diferencia entre los gastos que conllevarán dinero (las inversiones) y los que no harán más que agotarlo. En efecto, muchos compran pasivos pensando que son activos creadores de valor. La independencia financiera se obtiene cuando los retornos de las inversiones son mayores que los gastos o el salario.
- Para salir de la «carrera de la rata», es mejor alejarse de las ideas comúnmente aceptadas y seguir su propia ambición, a riesgo de verse endeudado de por vida a causa de la norma social que siempre promueve más consumo y crédito.
- En los establecimientos escolares no se enseña nada sobre gestión financiera. El autor cuenta incluso que aprendió mucho más escuchando las lecciones de su padre rico que aplicándose en el colegio. Una persona puede ser culta, instruida y estar llena de éxito social, pero eso no hace que sea una buena gestora financiera.
- No hay que trabajar para el dinero, sino encontrar la forma de poner el dinero a su servicio. En este sentido, muchos trabajan duro, pero no lo hacen para ellos mismos: trabajan para su jefe, luego para el Gobierno —por medio de impuestos y contribuciones— y, finalmente, para el banco en el que han contratado créditos.

- Para emanciparse de las restricciones financieras impuestas por los Estados, el autor aconseja conocer las leyes y el funcionamiento del sistema, ya que la legislación nos puede intimidar muy fácilmente cuando somos ignorantes en materia de fiscalidad.
- El mundo cambia. Por consiguiente, es necesario cuestionarse constantemente, aprender a crear oportunidades financieras originales y no limitar sus elecciones refiriéndose a antiguas teorías.
- Si quieres triunfar en materia de negocios, no te quedes solo y rodéate de personas con competencias variadas que podrán ayudarte.
- Lo que sabemos cuenta más que lo que compramos. Una sólida comprensión de las materias financieras es más importante que un capital de salida, puesto que ella es la que conducirá a la duplicación del capital y no a la inversa.
- Enriquecerse intelectualmente en todos los ámbitos a lo largo de su existencia y hacer un balance personal regular serán tus mejores herramientas para elegir las buenas inversiones, para disminuir tu tiempo de trabajo y para disfrutar plenamente de la vida.
- Finalmente, a pesar de las numerosas críticas respecto al autor y a su obra, este último tiene el mérito de ser fundamentalmente justo en el fondo. El principio de no gastar su salario a los cuatro vientos y de colocar sus ahorros en productos de inversión elegidos de forma sutil, que aportarán beneficios continuos, es ejemplar. Esta noción forma claramente una de las bases de la economía, pero todavía se sigue poco y no se ha integrado mucho.

¡Tu opinión nos interesa!
¡Deja un comentario en la página web de tu librería en línea,
y comparte tus favoritos en las redes sociales!

PARA IR MÁS ALLÁ

FUENTES BIBLIOGRÁFICAS

- Avila, Jim. 2006. "Who Wants to Be an Entrepreneur?". *ABC News*. 19 de mayo. Consultado el 27 de julio de 2015. http://abcnews.go.com/2020/story?id=1982669
- Bredou, Alban Brice. 2014. "Les 5 plus belles perles de *Père riche, père pauvre* de Robert Kiyosaki". *BredouAlbanBrice.net*. 16 de julio. Consultado el 3 de julio de 2015. http://bredoualbanbrice.net/5-plus-belles-perles-pere-riche-pere-pauvre-robert-kiyosaki/
- Darlin, Damon. 2005. "Get Rich Quick, Write a Millionaire Book". *The New York Times*. 12 de noviembre. Consultado el 29 de diciembre de 2015. http://www.nytimes.com/2005/11/12/business/get-rich-quick-write-a-millionaire-book.html?_r=0
- Eigle, Thibaud. 2011. "*Père riche, père pauvre*". *Des Livres pour Changer de Vie*. 17 de enero. Consultado el 2 de julio de 2015. http://www.des-livres-pour-changer-de-vie.fr/pere-riche-pere-pauvre/
- Eigle, Thibaud. "*Père riche, père pauvre*". *École des Finances Personnelles*. Consultado el 3 de julio de 2015. http://www.ecole-des-finances-personnelles.fr/pere-riche-pere-pauvre/
- Eigle, Thibaud. 2011. "*Père riche, père pauvre*: la suite". *Mes Finances Mode d'emploi*. 7 de febrero. Consultado el 3 de julio de 2015. http://www.mes-finances-mode-demploi.fr/investir-2/le-monde-de-linvestissement-et-du-business/pere-riche-pere-pauvre-le-quadrant-du-cash-flow/

- G., Olivier. 2013. "Pourquoi ce titre '*Père riche, père pauvre*'?". *Économiser et Investir*. 7 de marzo. Consultado el 2 de julio de 2015. http://www.economiseretinvestir.com/pere-riche-pere-pauvre-de-robert-t-kiyosaki/
- Combattre la crise. 2013. "J'ai lu *Rich Dad, Poor Dad*". *CombattreLaCrise.fr*. 11 de agosto. Consultado el 27 de julio de 2015. http://www.combattrelacrise.fr/jai-lu-rich-dad-poor-dad/
- Kiyosaki, Robert T. 2004. *Padre Rico, Padre Pobre*. Con la colaboración de Sharon L. Lechter. México D. F.: Aguilar.
- Ratouis, Alix. 2014. "Pourquoi lisons-nous des livres de développement personnel?". *Le Point*. 28 de septiembre. Consultado el 29 de diciembre de 2015. http://www.lepoint.fr/societe/pourquoi-lisons-nous-des-livres-de-developpement-personnel-28-09-2014-1867320_23.php
- Reed, John T. 2015. "John T. Reed's analysis of Robert T. Kiyosaki's book *Rich Dad, Poor Dad*". *JohnTRreed.com*. 3 de septiembre. Consultado el 29 de diciembre de 2015. http://johntreed.com/blogs/john-t-reed-s-real-estate-investment-blog/61651011-john-t-reeds-analysis-of-robert-t-kiyosakis-book-rich-dad-poor-dad-part-1
- Famous Entrepreneurs, "Robert Kiyosaki". Consultado el 3 de julio de 2015. http://www.famous-entrepreneurs.com/robert-kiyosaki
- Walker, Rob. 2002. "If I Were a Rich Dad". *Slate*. 20 de junio. Consultado el 29 de diciembre de 2015. http://www.slate.com/articles/arts/number_1/2002/06/if_i_were_a_rich_dad.html

FUENTES COMPLEMENTARIAS

Del mismo autor

Editorial Un Monde Différent :

- 2002. *El cuadrante del flujo de dinero. Guía del Padre Rico hacía la Libertad Financiera.*
- 2005. *Guía para invertir.*
- 2005. *La Escuela de Negocios. Para personas a las que les gusta ayudar a otros.*
- 2007. *Antes de renunciar a tu empleo. 10 lecciones que todo emprendedor debe saber para construir un negocio millonario.*
- 2008. *Niño Rico, Niño Listo. Cómo dar a sus hijos una educación financiera sólida.*
- 2009. *Incrementa tu IQ financiero.* Prólogo de Donald Trump.
- 2012. *El Negocio del Siglo XXI.*

Lecturas recomendadas

- Eker, T. Harv. 2006. *Los secretos de la mente millonaria.* Málaga: Editorial Sirio.
- Ferriss, Timothy. 2010. *La semana laboral de 4 horas. No hace falta trabajar más.* Barcelona: RBA.
- Franck, Élise. 2011. *Comment je suis devenue rentière en quatre ans sans héritage ni aide particulière.* París: Maxima Laurent du Mesnil.
- Proudhon, Philippe. 2010. *Stratégies pour devenir rentier*

en dix ans. París: Edouard Valys Éditions.
- Seban, Oliver. 2011. *Usted también merece ser rico*. Teià: Ediciones Robinbook.

en50MINUTOS.es
Historia
Economía y empresa
Coaching
Book Review
Salud y bienestar
EL DIAGRAMA DE ISHIKAWA
Material Método Máquina
Madre Naturaleza Medida Hombres
LA GUERRA DE PALESTINA DE 1948
DOMINA EL ARTE DEL NETWORKING
¡APRENDER NUNCA ANTES FUE TAN RÁPIDO!
www.en50minutos.es

www.en50Minutos.es

ISBN ebook: 9782806280176

ISBN papel: 9782806285034

Depósito legal: D/2016/12603/435

Libro realizado por <u>Primento,</u> *el socio digital de los editores*